AF279049

NOTICE

SUR

M. LIBERMANN,

SUPÉRIEUR

de la Congrégation du Saint-Esprit et de l'Immaculé Cœur-de-Marie.

La mémoire du pieux et vénéré M. Libermann, que Dieu vient d'appeler à lui, laissera longtemps à tous ceux qui l'ont connu une impression profonde de respect et d'édification. Ce souvenir est le même pour tous, pour ceux qui n'ont connu que l'humble et fervent séminariste, ou qui n'ont vu l'homme de Dieu qu'à son lit de mort, dans ces longues heures où sa vie a longuement défailli, comme pour ceux qui ont vécu plus longtemps et de plus près avec lui ; et si une seule chose tempère le regret de cette mort prématurée, c'est de respirer encore, par le souvenir du juste, la bonne odeur de Jésus-Christ.

François-Marie-Paul Libermann naquit en 1803, à Saverne, en Alsace, d'une famille juive, et porta d'abord le nom de Jacob. Il fut le cinquième de sept enfants, dont quatre l'ont précédé dans la tombe, et quatre sont entrés ainsi que lui au giron de l'Eglise. Il eut, dès son bas âge, une santé frêle ; de précoces infirmités lui imprimèrent de bonne heure le cachet des âmes aimées de Dieu, le sceau de la souffrance, que cet homme de douleurs a constamment porté en lui et dans ses œuvres les plus chères. Sa timidité indulgente le laissait en butte aux persécutions enfantines de ses frères, qui en faisaient volontiers leur souffre-douleur. Il montrait déjà une douceur et une paix sereine qui révélait un cœur généreux. Lazare Libermann, son père, renommé rabbin et justement distingué entre les docteurs israélites, parut ne point s'être trompé sur le mérite du jeune Jacob. Il en fit son Benjamin. Il rêva pour lui tous les honneurs de la Synagogue; peut-être lui destinait-il sa propre chaire. Remarquant en lui d'heureuses dispositions pour les études rabbiniques, il l'appliqua très-jeune à l'Ecriture-Sainte et à ses commentaires les plus subtils. Il lui fit apprendre le Talmud, sans lui faire grâce des arguties les plus ardues, qui, d'ailleurs, ne rebutaient point son élève. Enchanté de ses progrès, il l'envoya à Metz suivre les leçons d'un rabbin plus habile encore. Ce fut un premier pas vers l'affranchissement de cette rude tutelle paternelle.

L'aîné de cette famille avait déjà épuisé non-seulement ces études rabbiniques, mais tous les secrets de la Synagogue, et il en avait vu l'inanité. — Jeune encore, il lui était arrivé de s'écrier en passant devant un calvaire : « C'est pourtant une bien grande idée que celle d'un Dieu qui meurt pour les hommes ! Si je pouvais y croire ! » L'étude de la médecine fit un moment diversion; mais un mariage avec une jeune juive, qui avait peine à dissimuler son désenchantement devant le culte inanimé de ses pères, prépara les voies à une double abjuration. Ce fut en partie l'œuvre du savant abbé Libermann, que Mgr Tharin avait appelé à Strasbourg. Une homonymie fortuite avait établi les premières relations, couronnées d'une si grande grâce. Le nouveau converti avait formé peu auparavant un comité pour régénérer la nation par l'enseignement : déjà Strasbourg possédait une école juive lancastrienne. La plupart des membres de ce comité suivirent son chef au camp des catholiques.

MM. Koshler, Lewel et Ratisbonne les remplacèrent, et bientôt après se convertirent à leur tour. Une troisième phalange eut longtemps à sa tête un second Ratisbonne, qui fut, à la fin, vaincu par l'éclatant miracle de Marie, qui lui donna son beau nom. Mais revenons au point de départ de toutes ces conquêtes.

La nouvelle de la conversion de l'aîné de ses fils était parvenue au vieux rabbin, qui lança ses plus terribles malédictions. L'étudiant de Metz n'en fut pas plus tôt instruit qu'il entreprit sérieusement d'avoir raison de ce qu'il appelait une apostasie. Le docteur de Strasbourg était en mesure de lui répondre et de l'embarrasser, en lui prouvant par les textes sacrés et les études rabbiniques mêmes que le judaïsme n'était qu'un cadavre en dissolution depuis dix-huit siècles. La confiance du jeune Jacob était si naïve qu'il affronta ingénûment des conférences de vive voix. Son argumentation était si calme, si courtoise, si charitable, que l'une des premières paroles qui échappèrent à sa belle-sœur, ce fut de lui prédire qu'il serait un jour, non-seulement chrétien, mais prêtre catholique.

De retour à Metz, il commença à être humilié de l'ignorance de ses plus doctes maîtres. La rencontre d'un ecclésiastique à la bibliothèque de la ville lui suggéra l'idée d'apprendre furtivement un peu de latin et de grec. Son secret fut bientôt ébruité et divulgué jusqu'à Saverne. Son père vit où pouvait aller ce premier pas, et un ordre impérieux rappela brusquement l'étudiant de Metz. Il fut reçu avec un accueil plus que sévère. Le vieux rabbin, pour aller droit au but, le mit à l'épreuve et le somma d'expliquer l'un des plus difficiles endroits du Talmud. Le jeune Jacob, qui se serait déconcerté à moins, par un bonheur inespéré, répondit avec autant de promptitude que de précision. Dès lors, son retour fut une fête de famille, et il ne tarda pas d'être renvoyé à Metz.

Il reprit plus hardiment ses études furtives, et bientôt se vit assailli de doutes et flottant entre le déisme, le judaïsme et la vraie foi. Son frère avait poursuivi sa correspondance et son apostolat. Dieu bénissait ses lettres, ses paroles et ses démarches; les abjurations se succédaient autour de lui. Il voyait plusieurs de ses frères en voie de le suivre. Il étudiait surtout les mouvements du jeune Jacob. Le voyant sur le point de partir pour Paris, il lui ménagea la connaissance du savant M. Drach, qui se chargea généreusement de l'accueillir, reçut ses premières confidences de conversion, et lui ménagea un abri dans une sorte de séminaire que le vénérable abbé Auger avait ouvert au collége Stanislas. Là, des instructions en règle commencèrent, et plus la résistance de cette âme droite avait été sérieuse, plus sa soumission fut ardente et profonde. La foi, nous a dit l'un de ces catéchistes, semblait imbiber cette âme comme l'eau qui tombe sur une pierre brûlante. Le néophyte eut donc ce rare et inestimable bonheur d'avoir et de sentir cette grâce du baptême, dont il parlait toujours avec prédilection. Il vit en lui ce qu'il décrit quelque part dans la guérison de l'aveugle-né, « une œuvre de « puissance, de miséricorde et de justice; il reconnut la « vraie fontaine de Siloë qui sort du sanctuaire du cœur de « Jésus; et il y trouva la paix de Dieu, qui nous met en « paix avec nous-même. »

Cependant les tribulations allaient fondre sur cette existence débile, sur cette âme souffreteuse qui semblait n'aspirer qu'à la quiétude. L'école de Stanislas, par des dispositions de l'autorité supérieure, se trouvant modifiée, tout asile lui eût manqué si Mgr de Quélen ne lui eût accordé une bourse à Saint-Sulpice. Joyeux d'aborder à un port aussi tranquille, il ne trouva qu'obscurité et tempêtes intérieures. Autant il avait eu de facilité pour se jouer de la scolastique rabbinique, autant il trouva la théologie difficultueuse et inabordable. Le peu de latin qu'il avait pu apprendre à la dérobée ne pouvait lui suffire pour suivre des cours d'aussi haute importance. Il est probable que la tension qu'il dut s'imposer entra pour beaucoup dans les premiers symptômes de la maladie qui se déclara tout à coup. Son humble timidité assombrissait encore le voile épais qui sembla répandu sur toute son âme. Il en vint jusqu'à demander à son professeur de l'exclure comme incapable d'aller plus loin. Les médecins déclaraient que la suite inévitable de ses spasmes nerveux et de ses excessives douleurs devait être une mélancolie telle qu'elle lui inspirât des tentations de suicide. Lui-même avoue que maintes fois, passant sur les ponts de la Seine, mille pensées l'avaient pressé de se précipiter en bas. Il était heureux pourtant, surtout quand venait l'heure de l'oraison, d'une visite au Saint-Sacrement, d'une communion : debout ou agenouillé, son regard fixe semblait ne pouvoir se détacher d'un doux objet, et deux ruisseaux de larmes coulaient habituellement de ses deux yeux. Cette pieuse image est encore présente à tous ceux qui ont prié près de lui. Cinq années se passèrent ainsi ; presque rien n'en est venu à personne, si ce n'est le souvenir vague de grandes souffrances. Les lumières qu'il eut ensuite sur les divers états d'oraison, et en particulier sur la vie purgative et l'art de consoler dans les peines spirituelles, donnent à penser qu'il passa ces cinq années debout au pied de la croix, enveloppé de toutes les ombres du Calvaire.

Il dut y avoir, vers 1833, un moment plus douloureux que tous les autres : son vieux père mourut alors, et le laissa maudit et deshérité. Promu aux ordres mineurs, sa maladie le rendait irrégulier pour les ordres sacrés, incapable d'aspirer au sacerdoce, et par conséquent impropre à un séminaire, et inhabile à recevoir une bourse que 1830 avait dû entamer. Vint un moment où, le prenant pour juge de cette situation, il fallut lui demander ce qu'il allait devenir. « Je ne puis rentrer dans le monde, dit-il ; Dieu, je « l'espère, voudra bien pourvoir à mon sort. » Il répondit cela avec une si touchante sérénité, que ses bons supérieurs ne purent aller plus loin. Il fut décidé qu'il passerait à la maison d'Issy, et y vivrait aux frais de la Compagnie aussi longtemps qu'il plairait à Dieu. Entré par commisération, l'humble minoré se considéra comme un homme de charge, et sollicita les plus humbles offices, au dedans comme au dehors, jusque dans les basses-cours.

Il n'eut point d'autre occupation d'abord que de brosser les arbres et nettoyer le bois des charmilles du jardin. *Celui qui s'humilie sera exalté*. De cet état d'abjection, il se répandit sur son âme une douce lumière qui rejaillit autour de lui. Dès lors se révéla ce charme indéfinissable de sa douceur, cette attraction des âmes, ce parfum de foi candide et suave qui charmait tous ceux qui l'écoutaient, qui l'abordaient, qui le voyaient. Longtemps on se rappellera, sous les pieux ombrages d'Issy, les ferventes années de M. Libermann. Moniteur de plusieurs, zélateur de tous, des troupes le suivaient avec émulation pour prendre part à ses conversations si douces, si amicales, où Dieu répandait tant de grâces qu'on en sortait recueilli et fervent, comme on sort d'une bonne oraison. Il ne plaisait cependant pas toujours à tout le monde, et ses principes de perfection paraissaient quelquefois bien durs à plusieurs. Un jour, l'un d'eux lui dit brusquement : « Je vous déteste; » il lui fut répondu : « Vous avez bien raison ; et moi, je vous aime de tout mon cœur. » Ce mot lui valut un ami de plus et une conquête des plus édifiantes.

La plus chère pensée de cet orphelin si longtemps délaissé était l'apostolat des âmes les plus délaissées. Cette pensée trouva d'avides échos; elle coïncidait avec le projet de l'un de ses amis, qui a depuis servi de but fondamental à une mission nouvelle, l'apostolat des pauvres nègres. Cet ami, né de parents créoles, élevé au milieu des noirs de l'île Bourbon, avait quitté la carrière de l'École polytechnique pour entrer à Saint-Sulpice, et déjà se préoccupait vivement des moyens d'évangéliser dans son île cette troisième race du genre humain, abandonnée depuis tant de siècles. Outre M. Libermann, il eut pour premier confident M. Tisserant, descendant de parents natifs de Saint-Domingue, qui essaya de faire dans cette grande île ce qu'on a eu la consolation de faire à Bourbon. Tous trois étaient soumis à la même épreuve, pour diverses causes et dans un même but providentiel; ils se voyaient sans cesse exposés à ne pouvoir pas continuer leurs études théologiques. Dieu voulait ainsi que les fondateurs de la nouvelle œuvre reconnussent que lui seul en était l'auteur. Toutefois, l'obéissance et une invincible confiance les tenaient dans la pensée d'évangéliser les noirs, sans prévoir quel serait l'élu de Dieu, qui serait le chef et le fondateur de l'œuvre future. Ni M. Libermann ni personne ne pouvait penser à lui, à la vue de son infirmité croissante. Cette impossibilité parut s'accroître quand il fut éloigné de ses amis pour aller en Bretagne diriger le noviciat de l'institut renaissant des Eudistes. Arrivé à Rennes dans l'été de 1838, il reconnut par mille obstacles inattendus et étranges que Dieu l'appelait ailleurs. Mais où? il l'ignorait. Pressé de se dévouer à l'œuvre des noirs, soutenu des avis d'un sage directeur, il quitta Rennes en la fête de saint François-Xavier, et partit pour Rome en pèlerin des vieux temps, sans avoir le pain de chaque jour, sans recommandation. Simple minoré, il se trouve devant les plus hauts dignitaires de l'Église, des cardinaux, le préfet de la Propagande. Il développe le plan d'un apostolat des nègres. Il comptait, comme première chance de succès, sur un refus péremptoire. Les paroles de bonté et d'encouragement qu'il reçut en différaient peu. Les dispositions se refroidirent de plus en plus; ses amis même devenaient hostiles. Rebuté de toutes parts, il fût resté seul et inconnu dans la Ville-Sainte, si l'un de ses premiers catéchistes, M. Drach, ne s'y fût alors rencontré. Il avait choisi pour s'abriter une mansarde au 4e étage dans une petite maison près de Saint-Louis-des-Français. Il dut y coucher sur la dure, ayant à peine un siége pour écrire sur ses genoux. Il écrivait beaucoup. Dans tous les intervalles que lui laissèrent pendant huit mois ses pèlerinages périodiques aux saintes basiliques, ses visites régulières aux hôpitaux, aux prisons, son obscur apostolat des âmes délaissées et ses ferventes contemplations, il rédigeait ce qu'il appela ses gloses : c'était le développement d'un mémoire remis à la Propagande et le commentaire des Constitutions qui devaient être soumises à l'approbation du Saint-Siége. Ce fut alors encore qu'il confia au papier une exposition des premiers chapitres de saint Jean, qui révèle l'abondante lumière que le don d'oraison lui communiquait. Constamment uni avec Dieu, il voyait la lumière dans la lumière. Il était en paix dans la paix de Dieu. Son frère aîné, inquiet et de son isolement et de son avenir, lui témoignait sa sollicitude. Il le rassurait en protestant qu'il était le plus heureux des hommes, qu'il ne cesserait pas de l'être s'il lui fallait vivre de mendicité; qu'il serait au comble de ses vœux, s'il pouvait mourir ignoré et abandonné dans la grotte de quelque ermitage, pensée à laquelle il revint souvent. Il n'était pas seul : son bon Maître avait l'œil sur lui, et la main dans sa main en toutes ses voies.

Au bout de huit mois, il reçoit une lettre inattendue du Cardinal, préfet de la Propagande, qui, en louant son zèle et celui de ses amis, déclare toutefois le projet ajourné, et donne à entendre qu'avant tout il fallait que Dieu lui rendît la santé et lui permît d'aspirer au sacerdoce; sa lettre est datée du 6 juin 1840. M. Libermann la transmit à ses amis; de part et d'autre, elle produisit tout le contraire du résultat qui semblait inévitable. Au lieu du découragement, la confiance se ranima plus vive que jamais.

D'une part, M. Libermann crut le moment venu de s'adresser à Notre-Dame de toute espérance et de faire violence à son cœur de mère par un pèlerinage à Lorette. Il l'accomplit dans les plus rigoureuses conditions de mendicité et d'humiliation; longtemps après, il tressaillit encore d'une joie sainte en parlant à mots couverts des tribulations qui l'enivrèrent tout le long de cette route. Il en revint tellement guéri, que son mal disparut et que les médecins n'hésitèrent pas à donner des témoignages suffisants pour lever l'irrégularité. De leur côté, ses amis, qui ignoraient cette guérison, étaient toujours poussés et vivement excités, par un mouvement de grâce intérieure et irrésistible, à prendre pour père et pour chef cet infirme, ce mendiant de Rome, condamné, ce semble, à n'être jamais que minoré. Le plus ardent d'entre eux touchait au seuil redoutable du diaconat. Au milieu de sa retraite, un évêque missionnaire, de l'ordre de Saint-Benoît, Mgr Collier, visitant le séminaire de Saint-Sulpice et cherchant des auxiliaires, apprend qu'il y aura là bientôt un diacre qui, par sa famille, appartient à son lointain diocèse de l'île Maurice. Une méprise avait confondu cette île avec celle de Bourbon. Mais le retraitant dut voir l'évêque missionnaire, qui l'embrassa comme l'un des siens avec tant d'effusion que tous les projets lui furent communiqués. Le prélat demanda en grâce d'être considéré comme le protecteur le plus dévoué du nouvel institut; il offrit d'obtenir pour ses premiers membres un asile au collége anglais de Douai, tenu par les religieux de son ordre, dont il avait fait partie lui-même, et s'empressa d'écrire à Rome pour obtenir du Pape les pouvoirs de s'attacher cesauxiliaires, et à Strasbourg, pour que M. Libermann fût incorporé à son diocèse, et promu, à ce titre, aux ordres sacrés.

Celui-ci revint donc au sol natal et se trouva au grand séminaire de Strasbourg, renommé pour ses fortes études, en présence des difficultés qui avaient failli l'arrêter dès ses premiers pas à Saint-Sulpice. Il reprit humblement ses études; mais un jour nouveau se faisait pour lui : la parole intérieure de Dieu était la lampe placée à ses pieds qui éclairait tous les sentiers autrefois si ténébreux. Ses condisciples les plus clairvoyants en furent frappés : de nouveaux liens s'établirent; Dieu lui préparait dans ce diocèse des âmes d'élite, d'intrépides apôtres. Si son séjour n'eût pas été trop court, il eût trouvé là tout son involontaire et fécond apostolat d'Issy. Entré le mercredi des Cendres de l'année 1841, il reçut le sous-diaconat à la Trinité, le diaconat à la fête de saint Laurent; au mois de septembre il était déjà dans la maison qui a servi de berceau à son institution, à la Neuville, près d'Amiens.

Là, c'était en septembre 1841, il se prépara à l'acte le plus solennel de sa vie, l'ordination du sacerdoce, qui lui fut conféré aux quatre-temps de septembre, par Mgr Miolan, alors évêque d'Amiens, maintenant archevêque de Toulouse. Il célébra sa première messe dans le plus dévot sanctuaire de Marie en France, à Notre-Dame-des-Victoires. En montant les marches de l'autel, M. Libermann éprouva la plus profonde émotion qui ait remué son âme. Quelques mots qu'il en écrivit peu après à Rome touchaient jusqu'aux larmes deux vénérables cardinaux.

Dès longtemps il avait contracté pour lui et les siens une alliance avec Notre-Dame-des-Victoires, alliance souvent cimentée par d'éclatantes marques de protection. Deux prêtres attachés à ce sanctuaire pour l'œuvre de l'Archiconfrérie du Saint-Cœur-de-Marie, le suivirent l'un après l'autre en sa pauvre maison de la Neuville. On y avait à peine les quatre murs : tout l'ameublement en avait été donné par les Dames des Saints-Cœurs-de-Jésus-et-de-Marie, dites de Louvencourt, avec une statue de la sainte Vierge. Chacun était à son tour le serviteur de tous les autres, y compris l'office de la cuisine.

C'était pour tous un noviciat universel de toutes choses. Un nouveau venu arrivait-il : si la chambre manquait, l'un des anciens portait sur un escalier sa couche, qu'il fallait enjamber pour passer outre.

Heureuses années de toutes les congrégations nouvelles ou naissantes ! Longtemps on aime à en rafraîchir ses souvenirs, comme on pense à son enfance ! « Quand chacun de nous allait puiser l'eau à la fontaine, disait un jour M. Libermann, on nous appelait : Mon frère ; depuis que nous n'y allons plus, on nous salue profondément : Mon révérend Père. En valons-nous mieux pour cela ? » Ce mot sent les Pères du désert ; on nous pardonnera de l'avoir conservé.

Les ouvriers commençaient à devenir nombreux, les plus anciens étaient déjà dirigés sur quelques missions : à Saint-Domingue, en Australie, à l'île Maurice, à l'île Bourbon ; mais la vigne de prédilection, la Guinée, n'était point encore ouverte. C'était le temps, vers 1840, où des bandes de noirs affranchis quittaient en assez grand nombre diverses plages américaines et se rassemblaient vers les côtes de la Guinée pour y fonder une république nommée *Libéria*. Un vicaire apostolique, Mgr Baron, les avait suivis, dans l'espoir de pénétrer avec eux au milieu des populations nègres. Il vit de belles espérances, et vint à Rome et en France chercher des coopérateurs. De plus en plus découragé, il arriva jusqu'au vénérable curé de Notre-Dame-des-Victoires, M. Desgenettes, qui s'empressa de lui dire que ses auxiliaires étaient prêts et l'attendaient à la Neuville.

Ce fut une grande joie quand l'apôtre se présenta ; tous ceux qui furent désignés pour le suivre se levèrent et partirent.

Les premières nouvelles qui en arrivèrent longtemps après étaient navrantes.

Sur sept missionnaires, cinq moururent presque en arrivant ; un sixième perdit courage. Le vicaire apostolique reçut une autre destination ; un seul resta sans communications ; on le crut mort avec ses frères, et on le comprit pendant dix-huit mois dans la mémoire des défunts, jusqu'à ce que M. Schwindenhammer, envoyé en 1845 à Rome pour négocier la reprise de la mission des noirs, y trouva Mgr Baron, qui lui apprit les douloureux détails de la première expédition, et lui donna l'espoir qu'un missionnaire restait encore en Guinée. Cet apôtre était M. Bessieux, que Dieu destinait à devenir l'un des premiers et des plus saints évêques de ces régions inhospitalières.

Ce fut alors que cette vaste mission fut donnée à la Congrégation naissante du Saint-Cœur de Marie. Sur la demande de Mgr Baron, un préfet apostolique fut nommé, et l'un des membres les plus distingués de la nouvelle Congrégation reçut ce poste de dévouement. Trois autres missionnaires prirent la même direction, mais par une autre voie. Le nouveau préfet, M. Tisserand, partit seul sur le *Papin*, corvette à vapeur. Il n'alla pas loin pour trouver les âmes qu'il était appelé à consoler et à sauver. Mais que les desseins de Dieu sont impénétrables à nos faibles pensées ! Arrivé à la hauteur de Mogador, on est assailli d'une tempête si violente, que bientôt un péril imminent de mort menace tout l'équipage épouvanté. Le missionnaire élève la voix pour lever les dernières illusions et absoudre ces victimes déjà condamnées. Tout l'équipage s'agenouille sous la main du prêtre, et chacun donne son âme à Dieu. Un juif, désespéré, se jette aussi à ses genoux et le conjure de le sauver. « Mon ami, lui répond le missionnaire, je ne puis rien pour vous ; mais faites-vous chrétien, et nous irons au ciel ensemble. » Dieu accorda juste le temps d'échanger, contre un acte de foi, le saint baptême ; une lame impétueuse emporta dans l'abîme le missionnaire, le néophyte, le vaisseau et une grande partie de l'équipage.

Il fallut reprendre aux fondements cette œuvre laborieuse ; afin de l'y établir plus solidement et d'y attirer plus de grâces, un vicariat apostolique fut érigé, et un des membres les plus dignes de la nouvelle Congrégation reçut l'onction épiscopale dans l'église de Notre-Dame-des-Victoires, où Marie lui avait inspiré sa vocation à l'apostolat des noirs. Ce sacre était encore pour l'éternité seule. Mgr Truffet mourut bientôt. Il sut toutefois, dans les quelques mois qu'il vécut sur le sol africain, se faire chérir des noirs et jeter les fondements solides de l'œuvre à laquelle ses successeurs travaillent avec tant de courage.

Ce coup fut d'autant plus douloureux que Mgr Truffet réunissait les plus rares qualités du cœur et de l'intelligence. Il avait rompu avec une brillante carrière pour se dévouer au service des noirs. Son âme généreuse fut toujours dominée par cette pensée qu'il exprima quand on lui représentait sous un jour spécieux l'étrangeté de sa vocation : « Quand Dieu a parlé, l'homme n'a qu'à s'agenouiller pour adorer. »

Loin de se décourager, M. Libermann sollicita et obtint deux vicariats apostoliques pour les noirs. Mgr Kobès, jeune prêtre distingué du diocèse de Strasbourg, fut donné comme coadjuteur à Mgr Bessieux, qui, depuis 1840, portait si héroïquement le poids dévorant de ce soleil et de ce monde lointains. Ils posèrent plus fermement que jamais les bases d'une œuvre que Dieu, depuis, a continué de bénir par beaucoup de souffrances et par la mort de plusieurs missionnaires. Cependant l'œuvre de M. Libermann ne laissait pas que de prendre en France des accroissements considérables. De l'humble maison de la Neuville elle était passée dans la ville d'Amiens, puis s'était décidément fixée dans l'ancienne abbaye cistercienne de Notre-Dame-du-Gard. Chaque changement apportait un surcroît de peine ; mais

Dieu et sa grâce suffisaient à chaque douleur. Au milieu de grandes privations, sous l'énorme poids des missions, il y avait encore place pour plus d'une bonne œuvre. Tous les dimanches, on réunissait les petits Savoyards de la ville; on leur faisait une instruction, suivie d'un frugal repas. Presque tous les soirs on réunissait les soldats pour les instruire et les catéchiser. C'était toujours l'apostolat des âmes délaissées.

Dès l'année 1840, M. Libermann entrevoyait l'accession de son œuvre à celle du séminaire du Saint-Esprit, à Paris, fondé depuis un siècle et demi, par une pensée d'humble dévouement parfaitement en harmonie avec le nouvel institut. Un prêtre obscur ouvrit la première maison du Saint-Esprit, le jour de la Pentecôte 1708, pour y recueillir des jeunes gens hors d'état de payer une pension même modique, et les former aux sciences et aux vertus sacerdotales, uniquement dans le but d'aller remplir les postes les plus pénibles et les moins recherchés, tels que les vicariats de campagne, la desserte des hôpitaux, les missions au dedans et au dehors de la France. Ce fut par des aumônes que l'œuvre subsista et s'établit dans les bâtiments qu'elle occupe depuis 1733. Le meilleur éloge de cette congrégation modeste, c'est d'avoir été, au siècle dernier, en butte à l'animadversion des jansénistes. Sa réputation lui mérita d'être chargée, en 1776, d'entretenir vingt missionnaires et un préfet apostolique à Cayenne et à la Guyane française. Après beaucoup de vicissitudes, la congrégation fut chargée, en 1816, de fournir de prêtres toutes les colonies françaises, et rentra en 1819 en possession de son ancienne maison de la rue des Postes.

L'œuvre des Noirs se lie de trop près à l'apostolat des colonies françaises pour que M. Libermann n'eût pas eu de bonne heure la prévision d'une fusion entre les deux instituts. Avant la protection providentielle et si utile de monseigneur Collier, il s'était même offert, avec ses premiers confrères, à M. Fourdinier, supérieur à cette époque de la Congrégation du Saint-Esprit, pour être employé dans les colonies, selon le genre de vie qu'ils voulaient embrasser. Ce vénérable prêtre ne les comprit pas, et regarda leur projet, selon son expression, comme un projet de jeunes têtes. Mgr Monnet, si glorieusement persécuté à Bourbon à cause de son zèle d'apôtre et de son affection de père pour les noirs de cette île, qui l'appellent à si juste titre leur premier père, étant supérieur du séminaire du Saint-Esprit en 1848, des négociations commencèrent avec la Congrégation de l'Immaculé Cœur de Marie, et furent bientôt conduites à bonne fin. M. Libermann y fit mettre le sceau apostolique par un nouveau et pénible voyage à la Ville sainte. A son retour, vers la fin de cette année, l'union des deux instituts était consommée sous le titre de Congrégation du Saint-Esprit et de l'Immaculé Cœur de Marie.

Le premier fruit de cette union fut l'affermissement de la mission commencée à Madagascar par Mgr Dalmont, mort Vicaire apostolique nommé de cette grande île. Mgr Monnet lui succéda ; il n'avait pu partager si généreusement les pensées de M. Libermann sans accepter une part à son calice : d'un seul trait il l'épuisa ; il mourut en arrivant en mission. La première croix qu'il planta sur la terre de Madagascar plongeait dans sa fosse.

Chaque perte agrandissait les désirs et les projets de l'homme de Dieu ; il avait à peine reçu la nouvelle de cette perte, ajoutée à tant d'autres, qu'il reprenait plus activement que jamais un projet, si souvent abandonné, de faire ériger des évêchés dans les colonies françaises. Le 27 septembre 1850, ses vœux désintéressés furent couronnés d'un plein succès : trois évêchés étaient fondés, à la Basse-Terre dans la Guadeloupe, au Fort de France à la Martinique, et à Saint-Denis de l'île Bourbon. Des hommes selon le cœur de Dieu prenaient possession de ces nouveaux siéges, qui portent au-delà des mers le cadre imposant des églises de France, si largement tracé, si saintement rempli depuis les âges apostoliques.

En douze années de sacerdoce, l'homme de Dieu avait doté l'Église d'une congrégation nouvelle, fondé un noviciat florissant de prêtres et de frères missionnaires à l'abbaye du Gard, renoué son institut naissant à la respectable Congrégation du Saint-Esprit, créé et maintenu l'importante mission de la Guinée, négocié la fondation de trois vicariats apostoliques, obtenu l'érection de trois évêchés, planté les jalons de sa congrégation à Amiens, à Paris, à Bordeaux, à Cayenne, à l'île Maurice, à l'île Bourbon, en Australie, envoyé douze de ses plus chers enfants à Dieu, et donné aux âmes plus de soixante apôtres dont les sueurs, les larmes et les ossements étaient répandus jusque dans les îles perdues de l'Océanie. Le cercle des œuvres plus rapprochées de là s'était également élargi. Outre sa mission permanente des soldats, reprise à Paris comme à Amiens, outre l'œuvre de la Sainte-Famille, qui, dans ces dernières et difficiles années, rendit d'immenses services à l'un des quartiers les plus mal notés de Paris, et contribua au calme profond qui n'a pu être troublé par les événements de 1851; outre ces œuvres que le zèle de ses collègues était plus spécialement chargé de diriger, sous sa discrète réserve, à l'exemple de saint Vincent de Paul, il ouvrit au séminaire du Saint-Esprit des conférences spirituelles pour les prêtres. On se réunissait d'abord tous les mardis, et la première réunion eut lieu le 3 janvier 1849. Il y eut plus tard une seconde réunion tous les vendredis, pour d'autres personnes, sur le même plan. Les unes et les autres étaient présidées par le zélé supérieur. Entouré d'une élite de confrères, toujours éminent par son humble et pénétrante simplicité, il résumait chaque entretien, et savait, sur les moindres questions de vie spirituelle ou de direction pastorale, ouvrir ces aspects toujours nouveaux et utiles que l'esprit de foi peut seul révéler.

Ainsi s'écoulait cette vie si pleine et si mûre : on aurait pu la croire à son début. Dieu en jugeait autrement, et, pour mettre le comble à la mesure des souffrances et des mérites de son serviteur, il lui accorda une longue et dernière maladie. Depuis dix ans il en subissait les atteintes de plus en plus douloureuses. La souffrance ne fut sensible que lorsqu'il fallut garder le lit. Après avoir édifié quelques semaines ses enfants de Notre-Dame du Gard, Dieu lui donna un jour des forces inespérées pour venir sanctifier par ses derniers moments sa maison de Paris. Ces trop courts moments auraient suffi pour laisser d'impérissables souvenirs. Il ne nous appartient pas d'ouvrir au public cette chambre mortuaire, où, pendant cinq jours passés entre la vie et la mort, on ne savait si c'était le temps qui se fermait ou si le ciel déjà était ouvert. Mais le secret de cette longue agonie, qui a coûté autant de larmes d'attendrissement que d'admiration, fut enfin compris quand on vit succéder à trois jours de Calvaire une joyeuse fête de Notre-Dame, la Présentation de Jésus au Temple. La vie du mourant s'éteignait doucement. On atteignit trois heures. La communauté chantait les vêpres, que semblait encore entendre l'agonisant. On allait commencer le Cantique de Marie. L'un de ses enfants, debout à son chevet, dit à ses confrères : Il va mourir pendant le *Magnificat*. On ouvrit une fenêtre qui donnait sur la chapelle, et comme on chantait au chœur ces paroles, très-distinctement entendues : « *et exaltavit humiles !* » Marie recevait sa belle âme. Ses enfants, qui l'entouraient, l'embrassèrent une dernière fois en disant le *Gloria Patri* du saint cantique avec le chœur :

Moriatur anima mea morte justorum.

Fr. J.-B. Pitra, de l'abbaye de Solesmes.

Paris. — Impr. Bailly, Divry et Cᵉ, place Sorbonne, 2.